FIT FOOD 2GO

SCHNELLE & EINFACHE FITNESS-REZEPTE
FÜR DEINEN GESUNDEN TRAUMKÖRPER

FÜR SOPHIE, JUDITH, CHRISTOPHER, CHRISTIAN UND ULLA.

EBENFALLS ERHÄLTLICH
„FIT FOOD - DAS FITNESS KOCHBUCH“

DIE REZEPTE

FRÜHSTÜCK

HAUPTMAHLZEITEN

SNACKS

FRÜHSTÜCK

FÜR DEN PERFEKTEN START IN DEN TAG

“

„Chancen sind wie Sonnenaufgänge. Wer zu lange wartet, verpasst sie.“

William Arthur Ward

ERFRISCHENDE PROTEIN BOWL

Erfrischung pur kombiniert mit einer ordentlichen Portion Protein.

1 Früchte, Quark, Süße und Eiswürfel in einen Mixer geben.

2 Alles gut vom Mixer vermengen lassen. Je mehr Eiswürfel verwendet werden, desto cremiger die Konsistenz.

3 Die Creme in eine Schüssel geben und mit Topping nach Wahl bestreuen.

4 Das Rezept kann perfekt mit einer Kohlenhydratquelle, z.B. Haferflocken, Quinoa oder Bulgur, kombiniert werden.

TIPP

Wassermelone ist häufig nur saisonal erhältlich. Ersetze sie dann z.B. mit Honigmelone oder Ananas.

MACROS

Pro Portion

(Rezept ergibt 1 Portion)

Kalorien	277.1
Fett	2g
Kohlenhydrate	35g
Ballaststoffe	12g
Zucker	33.9g
Protein	28g

ZUTATEN

Gefrorene Himbeeren (200g)
Wassermelone (200g)
Magerquark (250g)
Stevia / Süßstoff
Eiswürfel (10 Stück)
Kokosflocken
optional: Chiasamen
optional: Kakaonibs

FITNESS SCHOKO MÜSLI

Super leckeres Schoko-Müsli für den Start in einen erfolgreichen Tag.

1. Alle Zutaten, bis auf die Milch, in einer Schüssel gut vermengen.
2. So viel Milch dazugeben, dass das Schoko-Müsli gerade so bedeckt wird. Kurz einziehen lassen, ggf. etwas Milch nachgeben, falls nötig.
3. Mit Topping Deiner Wahl, z.B. Früchten, Kokosstreuseln oder gehackten Mandeln, bestreuen und genießen.

TIPP

Du kannst auch die warme Variante probieren und das Schoko-Müsli für 1 bis 2 Minuten in die Mikrowelle stellen.

MACROS

Pro Portion

(Rezept ergibt 1 Portion)

Kalorien	416.5
Fett	9.5g
Kohlenhydrate	64.1g
Ballaststoffe	13.5g
Zucker	4.4g
Protein	15.7g

ZUTATEN

Haferflocken (100g)
Kakaopulver (1 EL)
Honig (1 TL)
Statt Honig: Stevia / Süßstoff
Milch (s. Rezept)

POWER PANCAKES

Ein Hingucker! Und bei Nährwerten & Geschmack ein Traum.

---

1 Die Banane mit einer Gabel in einer Schüssel zerdrücken. Eier & Zimt dazugeben. Gut verrühren. Eine Pfanne vorheizen und leicht einfetten, falls nötig.

2 Pfannkuchen in die Pfanne geben und auf mittlerer Hitze ohne umzudrehen braten. Sobald der Teig fest wird aus der Pfanne nehmen und auf einen Teller geben.

3 Für eine süße Variante den Magerquark mit etwas Stevia/Süßstoff verrühren und auf dem Pfannkuchen flach verteilen.

4 Den Pfannkuchen zusammenrollen. Die Himbeeren in eine Schüssel geben und für 1 Minute auf höchster Stufe in die Mikrowelle stellen.

5 Mit einer Gabel die erhitzten Himbeeren zuerst zerdrücken, dann verrühren und als Sauce über den Pfannkuchen gießen.

TIPP

Für eine salzige Variante mit körnigem Frischkäse bestreichen. Salz und z.B. Schnittlauch dazugeben.

MACROS

Pro Portion
(mit Topping 1)

Kalorien	31C.1
Fett	9g
Kohlenhydrate	29g
Ballaststoffe	6.6g
Zucker	25.4g
Protein	26g

ZUTATEN

Banane (1 Stück)
Eier (2 Stück)
Zimt
Topping 1: Magerquark (100g)
Topping 1: Himbeeren (80g)
Topping 2: Körniger Frischkäse (200g)
Topping 2: Schnittlauch
Topping 2: Salz (Priese)

CRUNCHY COOKIES

Wie vom Feinkostladen. Cookies mit extra Crunch für zwischendurch.

1. Alle Zutaten, bis auf das Kokosöl, in einer Schüssel zu einem Teig vermengen. Das Kokosöl in einem Topf kurz erwärmen, damit es flüssig wird.
2. Das flüssige Öl über den Teig geben und zügig mit dem Teig vermengen.
3. Ein Backblech mit Backfolie vorbereiten. Aus dem Teig mit der Hand entweder kleine Bällchen oder flache Kekse formen und auf die Backfolie legen.
4. Das Backblech für 15 Minuten bei 180° (Ober- / Unterhitze) in den Backofen geben. Rausnehmen und die Cookies kurz abkühlen lassen.
5. Für maximale Frische die Cookies in einer verschliessbaren Box aufbewahren.

TIPP

Statt Kokosöl kannst Du auch eine andere Fettquelle verwenden, z.B. ein anderes Öl (oder Butter).

MACROS

Pro Cookie
(Rezept ergibt 40 Cookies)

Kalorien	46.0
Fett	1.8g
Kohlenhydrate	5.7g
Ballaststoffe	0.6g
Zucker	0.5g
Protein	1.4g

ZUTATEN

Haferflocken (200g)
Kokosöl (50g)
Mehl (125g)
Honig (1 EL)
Eier (2 Stück)
Sonnenblumenkerne
Leinsamen & Rosinen
Backpulver (1 TL)
Zimt (1 TL)
optional: Vanilleextrakt

„FITELLA“ HASELNUSSCREME

Endlich mit gutem Gewissen genießen dürfen.

1 Alle Zutaten in einen Mixer geben und gut vermengen lassen.

2 Zwischendurch den Mixer ausschalten und mit einem Löffel selbst vermengen. Dann erneut mixen, bis sich eine einheitliche Creme ergibt.

3 Fitella aus dem Mixer in einen kleinen Behälter / Schüssel geben und optimalerweise kurz in den Kühlschrank stellen, bis es etwas fester wird.

4 Aus dem Kühlschrank holen und z B. auf ein Brötchen schmieren oder mit einem Joghurt vermischen.

TIPP

Als Vanillearoma kannst Du entweder das im Supermarkt erhältliche flüssige Extrakt verwenden (Glasfläschchen) oder das etwas zähflüssige (flache Alupackung).

MACROS

Pro Portion

(Rezept ergibt 10 Portionen)

Kalorien	62.9
Fett	4.6g
Kohlenhydrate	3.4g
Ballaststoffe	0.9g
Zucker	3g
Protein	1.4g

ZUTATEN

Haselnusskerne (50g)
Kakaopulver (2 EL)
Kokosöl (15g)
Milch (50ml)
Honig (35g)
Süßstoff (4ml)
Vanilleextrakt (1/2 TL)

SCHOKO PROTEIN GAINS BOWL

Eine Bowl für alle, die während des Tages richtig Power brauchen!

1 Die Chiasamen mit der Milch und einem Schuss Stevia oder Süßstoff in eine Schüssel geben, umrühren, und für 10 Minuten stehen lassen.

2 In eine extra Schüssel Magerquark (oder Joghurt) mit einem Schuss Wasser, Kakaopulver und etwas Stevia oder Süßstoff geben. Gut vermengen.

3 Die Schoko-Creme über die Chia-Samen geben und glattstreichen.

4 Als Topping: Früchte Deiner Wahl darauf verteilen und mit z.B. Kokoschips und gehackten Mandeln ergänzen.

TIPP

Am besten bereits am Abend vorher vorbereiten und über Nacht im Kühlschrank aufbewahren.

MACROS

Pro Portion

(Rezept ergibt 1 Portion)

Kalorien	470.7
Fett	19.3g
Kohlenhydrate	23.2g
Ballaststoffe	19.3g
Zucker	18.1g
Protein	46.2g

ZUTATEN

Chiasamen (50g)
Milch (150ml)
Stevia / Süßstoff
Kakaopulver (1 EL)
Magerquark (250g)
Früchte (diverse)
Kokoschips
Gehackte Mandeln

DIE FITNESS MARMELADE

Eine Marmelade, die Du mit gutem Gewissen essen kannst.

1 Du kannst für dieses Rezept natürlich auch gefrorene Beeren verwenden. Tau diese dazu einfach vorher auf.

2 Die Himbeeren / Erdbeeren zusammen mit etwas Süße und Vanillextrakt in den Mixer geben und zu einem Brei vermengen.

3 In eine kleine Schale geben und die Chiasamen hinzufügen. Gut verrühren. Das ganze für ca. 10 Minuten ruhen lassen.

4 Durch die Chiasamen erhält die Fitness-Marmelade eine wunderbar feste Konsistenz.

TIPP

Ein weiteres super leckeres Fitness-Marmeldenrezept: 125g Himbeeren und 60g Datteln im Mixer vermengen. Kurz in den Kühlschrank stellen. Fertig!

MACROS

Pro Portion
(Rezept ergibt 5 Portionen)

Kalorien	31.9
Fett	2g
Kohlenhydrate	1.9g
Ballaststoffe	3.5g
Zucker	1.1g
Protein	1.3g

ZUTATEN

Himbeeren oder Erdbeeren (125g)
Chiasamen (3 EL)
Stevia / Süßstoff
optional: Vanilleextrakt

„HEALTHY MORNING" MÜSLI

Gesundes Müsli selber machen? Das geht ganz einfach.

1 Alle Zutaten in einer Schüssel zu einem Teig vermengen.

2 Um verschiedene Müsli-Sorten zu kreieren, kannst Du z.B. unterschiedliches Saatgut (Sonnenblumenkerne, Leinsamen, etc.) verwenden.

3 Ein Backblech mit Backfolie vorbereiten. Den Teig mit einer Gabel auf der Backfolie ausbreiten und flach (0,5 cm) glattstreichen.

4 Das Backblech für 20 Minuten be 180° (Ober- / Unterhitze) in den Backofen geben. Rausnehmen und den Teig kurz abkühlen lassen.

5 Den Teig in kleine Stücke zerbröseln. Am besten direkt in eine Box zur Aufbewahrung geben. Zum Essen dann einfach mit Milch in einer Schüssel aufgießen.

TIPP

Für mehr Protein, gib das Müsli z.B. in etwas Quark statt Milch.

MACROS

Pro Portion
(mit 200ml Milch)

Kalorien	507.9
Fett	9.8g
Kohlenhydrate	82.9g
Ballaststoffe	9.8g
Zucker	37.8g
Protein	18.5g

ZUTATEN

Haferflocken (150g)
Honig (3 EL)
Zimt (1 TL)
Kakaopulver (1 EL)
Wasser (0,2 L)
optional: Rosinen
optional: Kokosflocken
optional: Sonnenblumenkerne
optional: Leinsamen

LangeSatt PROTEIN GAINS BOWL

Erfrischend anders. Perfekte Abwechslung für Dein Frühstück.

1 Quinoa, Milch, Zitronensaft, Abrieb und Honig in einen Topf geben und für ca. 15 bis 20 Minuten auf kleiner Stufe köcheln lassen.

2 Den Magerquark in einer Schüssel mit etwas Stevia oder Süßstoff mischen und gut verrühren.

3 In eine Schüssel eine Schicht Quinoa, danach eine Schicht Magerquark und darüber erneut eine Schicht Quinoa geben.

4 Als Topping eine Banane in Scheiben schneiden und darüber verteilen. Optional Kokosstreusel, Leinsamen, Chiasamen und Kakaonibs dazugeben.

TIPP

Ein gut sortierter Supermarkt verkauft verschiedene Quinoasorten. Dazu zählen rote, weiße und schwarze Quinoa.

MACROS

Pro Portion
(Rezept ergibt 1 Portion)

Kalorien	645.1
Fett	8g
Kohlenhydrate	92g
Ballaststoffe	7.5g
Zucker	40.2g
Protein	47g

ZUTATEN

Quinoa (80g), z.B. schwarze Quinoa
Milch / Mandelmilch (160ml)
Zitronensaft (1/2 Zitrone)
Abrieb von Zitronenschale (1/2 Zitrone)
Honig (1TL)
Banane (1 Stück)
Magerquark (250g)
Stevia / Süßstoff
Lein- & Chiasamen
Kokosflocken

QUICKIE PROTEIN TASSENKUCHEN

Superschnell und superlecker. Ein Kuchen für jeden Anlass.

1. Alle Zutaten in eine große Tee-/Kaffeetasse geben. Mit einer Gabel gut vermengen und glattstreichen.
2. Die Tasse für 6 Minuten bei 1000 Watt in die Mikrowelle stellen.
3. Abkühlen lassen und anschliessend die Tasse umstülpen, z.B. auf einen Teller. Der Kuchen sollte sich leicht von der Tasse lösen lassen.
4. Mit Topping Deiner Wahl, z.B. Früchten, Kokosstreuseln, oder ZeroCalorie Saucen aus dem Handel (Schoko, Karamell) verfeinern.

TIPP

Sollte es die Wattzahl bei Deiner Mikrowelle nicht geben, einfach etwas länger bei Deiner höchsten Stufe hineinstellen und die Tasse gut beobachten.

MACROS

Pro Portion

(Rezept ergibt 1 Portion)

Kalorien	362 7
Fett	11.8g
Kohlenhydrate	50.8g
Ballaststoffe	4.2g
Zucker	14.3g
Protein	10.6g

ZUTATEN

Haferflocken (50g)
Banane (1 Stück)
Mehl (50g)
Eier (1 Stück)
Milch (4 EL)
Backpulver (1/2 TL)
Öl (1 EL, z.B. Olivenöl)
Stevia / Süßstoff
optional: Vanilleextrakt

DER FITNESS PUDDING

Großer Hunger? Riesenportion mit wenig Kalorien.

---

1 In eine Schüssel 100ml Wasser zusammen mit der Maisstärke / dem Puddingpulver geben. Mit einer Gabel verrühren.

2 400ml Wasser in einem Topf zum Kochen bringen. Den Topf vom Herd nehmen. Den Stärke-/Puddingmix dazugeben und ca. 1 Minute umrühren.

3 Die restlichen Zutaten in einen Mixer geben. Den Stärke-/Puddingmix ebenfalls dazugeben.

4 Alles gut vom Mixer vermengen lassen und anschliessend in eine Schüssel geben.

5 Als Topping z.B. eine Banane (gestückelt), Kokosstreusel oder Chiasamen dazugeben.

TIPP

Vanille-Pudding Pulver besteht fast ausschliesslich aus Maisstärke.

MACROS

Pro Portion

(Rezept ergibt 1 Portion)

Kalorien	294.5
Fett	0.8g
Kohlenhydrate	42g
Ballaststoffe	6.1g
Zucker	15.7g
Protein	28g

ZUTATEN

Wasser (500ml)
Magerquark (200g)
Joghurt, z.B. 1,5% (3 EL)
Gefrorene Himbeeren (100g)
Zitronensaft (Spritzer)
Maisstärke oder Vanille-Pudding Pulver (30g)
Stevia / Süßstoff
optional: Vanilleextrakt

VollerGenuss SCHOKO BROWNIES

Geniale Schoko-Brownies mit hohem Eiweissanteil.

1 Alle Zutaten in einer Schüssel zu einem Teig vermengen.

2 Muffin-Formen aus Papier oder Silikon vorbereiten. Den Teig in die Muffin-Formen füllen und glattstreichen.

3 Ohne Muffin-Formen: Einen Teller nehmen, kleine Brownies formen (ca. 5x3cm) und auf den Teller geben.

4 Die Brownies für ca. 4 Minuten bei 1000 Watt in die Mikrowelle stellen, bis sie eine feste Konsistenz haben.

5 Aus der Mikrowelle holen und kurz abkühlen lassen.

TIPP

Statt gehackten Mandeln kannst Du auch andere Nüsse verwenden.

MACROS

Pro Brownie

(Rezept ergibt 6 Brownies)

Kalorien	92.1
Fett	4.3g
Kohlenhydrate	5.4g
Ballaststoffe	1.3g
Zucker	1.6g
Protein	7.2g

ZUTATEN

Haferflocken (3 EL)
Kakaopulver (3 EL)
Gehackte Mandeln (3 EL)
Magerquark (200g)
Kokosöl (1 TL)
Honig (1 TL)
Statt Honig: Stevia / Süßstoff

VolleKraft PROTEIN BOWL

Diese Bowl versüßt Dir den Start in Deinen erfolgreichen Tag.

1. 200ml Wasser in einem Topf zum Kochen bringen und Quinoa dazugeben. Für 15 bis 20 Minuten auf mittlerer Stufe köcheln lassen.
2. Die restlichen Zutaten, bis auf die Toppings, in einen Mixer geben und gut vermengen lassen.
3. Quinoa in eine Schüssel geben, ggf. überschüssiges Wasser abschütten. Darüber die Creme aus dem Mixer geben.
4. Als Topping eine Banane in Scheiben schneiden und darüber verteilen. Optional Kokosstreusel, Leinsamen, Chiasamen und Kakaonibs dazugeben.

TIPP

Quinoa macht Dich lange satt und ist damit eine perfekte Kohlenhydratquelle fürs Frühstück.

MACROS

Pro Portion

(Rezept ergibt 1 Portion)

Kalorien	785.3
Fett	8g
Kohlenhydrate	127.5g
Ballaststoffe	20.7g
Zucker	58.7g
Protein	45.7g

ZUTATEN

Quinoa (100g)
Blaubeeren (200g)
Banane (2 Stück)
Magerquark (250g)
optional: Chiasamen (1 TL)
optional: Stevia / Süßstoff
Topping: Kokosflocken
Topping: Banane (1 Stück)

2GO FITNESS WRAP

Der wohl einfachste Wrap der Welt. Genial einfach, gesund & lecker!

1. Ein Backblech mit etwas Öl (z.B. Kokosöl) einfetten. Die Eier und Eiklar in einer Schüssel verquirlen.
2. Nach Wunsch etwas Petersilie zu den Eiern geben. Die Eier direkt auf das Backblech geben und zu einem flachen Rechteck verteilen.
3. Das Backblech für 6 bis 7 Minuten bei 180° OU-Hitze in den Backofen geben.
4. Zwiebel, Paprika, Karotte und Schinken in kleine Würfel schneiden. Den Quark in einer Schüssel mit 1TL Salz vermengen.
5. Den Wrap aus dem Ofen holen und mit dem Quark bestreichen. Dann mit den restlichen Zutaten belegen und zusammenrollen.

TIPP

Du kannst auch einfach 6 ganze Eier nehmen, wenn es in Deine Kalorien passt.

MACROS

Pro Portion
(Rezept ergibt 1 Portion)

Kalorien	591.5
Fett	18g
Kohlenhydrate	22g
Ballaststoffe	7.8g
Zucker	18g
Protein	81g

ZUTATEN

Eier (3 Stück)
Eiklar (3 Stück)
Salz & Pfeffer (Priese)
optional: Petersilie
Magerquark (250g)
Zwiebel (1 Stück)
Paprika (1 Stück)
Karotte (1/2 Stück)
optional: Schinken (100g)

VielEiweiss GAINS BOWL

Leckere Protein-Bowl mit einem riesigen Eiweissanteil.

1 Alle Zutaten, bis auf die Toppings, in einen Mixer geben und gut vermengen lassen. Stevia oder Süßstoff je nach Süße ergänzen.

2 Die Creme aus dem Mixer in eine Schüssel oder einen tiefen Teller geben.

3 Die Toppings ergänzen. Du kannst die Toppings auch um weitere Früchte ergänzen.

TIPP

Statt gefrorenen Himbeeren kannst Du z.B. auch gefrorene Erdbeeren verwenden.

MACROS

Pro Portion

(Rezept ergibt 1 Portion)

Kalorien	606.4
Fett	5.5g
Kohlenhydrate	64.1g
Ballaststoffe	16.5g
Zucker	53.3g
Protein	71.2g

ZUTATEN

Gefrorene Himbeeren (250g)
Magerquark (500g)
Banane (1 Stück)
Stevia / Süßstoff
Topping: gehackte Mandeln
Topping: Kokosflocken
Topping: Leinsamen
Topping: Rosinen

DER FITNESS KUCHEN

Der Standard, wenn es um viel Protein geht!

1 Alle Zutaten in einer Schüssel oder einem tiefen Teller zu einem Teig vermengen. Statt dem Eiklar kannst Du auch insgesamt 2 Eier nehmen.

2 Für eine Schoko-Variante gib an dieser Stelle noch 1EL Kakaopulver dazu. Erneut alles gut vermengen.

3 Optional kannst Du zusätzlich Mehl und Backpulver im Teig verwenden, damit der Kuchen mehr an Höhe und Volumen gewinnt.

4 Den Kuchen für 15 Minuten bei 180° OU-Hitze in den Backofen geben.

5 Aus 100g Magerquark und etwas Stevia oder Süßstoff kannst Du optional ein Topping machen und auf dem Kuchen verteilen.

TIPP

ACHTUNG: Mit Frischkäse ist hier nicht „körniger Frischkäse“ gemeint.

MACROS

Pro Kuchen
(Rezept ergibt 1 Kuchen)

Kalorien	550.9
Fett	6.7g
Kohlenhydrate	33.7g
Ballaststoffe	0.1g
Zucker	19.6g
Protein	85.3g

ZUTATEN

Magerquark (400g)
Frischkäse (light, 200g)
Ei (1 Stück)
Eiklar (1 Stück)
Zitronensaft (Spritzer)
Vanilleextrakt
Honig / Stevia / Süßstoff
Stärke (15g)
optional: Mehl (80g)
optional: Backpulver (1 TL)

BOOSTER FITNESS MÜSLI

Das Fitness Müsli für einen grandiosen Start in den Tag.

1. Die Haferflocken zusammen mit Milch und Zimt in eine Schüssel geben und kurz einweichen lassen.
2. Datteln, Bananen, Quark, gefrorene Beeren, optional Chiasamen und Kokoswasser in einen Mixer geben.
3. Mixen, bis sich eine gleichmäßige Creme ergibt. Die Creme in die Schüssel über den Haferflocken verteilen.
4. Als Topping die Creme z.B. mit Kokoschips, Banane (kleingeschnitten), Kakaonibs, Blaubeeren und Passionsfrucht belegen.

TIPP

Dieses Rezept enthält viele Ballaststoffe. Diese sorgen dafür, dass Du nach dem Essen ein langes Sättigungsgefühl und nicht gleich wieder Hunger hast.

MACROS

Pro Portion

(Rezept ergibt 1 Portion)

Kalorien	879.0
Fett	15g
Kohlenhydrate	130g
Ballaststoffe	17g
Zucker	78g
Protein	50g

ZUTATEN

Haferflocken (80g)
Milch / Mandelmilch (125ml)
Datteln (30g) & Banane (3 Stück)
Magerquark (250g)
Gefrorene Himbeeren (200g)
optional: Chiasamen (1TL)
optional: Kokoswasser (100ml)
Kakaonibs & Kokoschips (5g)
Zimt
optional: Blaubeeren & Passionsfrucht

HAUPTMAHLZEITEN

FÜR DEN GROSSEN HUNGER

„Unser Körper ist unser Garten und unser Wille der Gärtner."

William Shakespeare

HIGH PROTEIN FITNESS PFANNE

Knackige Fitness-Pfanne mit viel Eiweiss und Vitaminen.

1. Die Kokosmilch in eine Pfanne geben und auf mittlerer Stufe erhitzen. Zwiebeln und Fisch kleinschneiden.
2. Die Gemüsebrühe, Curry, Fisch bzw. Tofu und Zwiebeln in die Pfanne geben und für ca. 10 Minuten auf mittlerer Stufe köcheln lassen.
3. Die Ananas, Zucchini und Paprika kleinschneiden und ebenfalls dazugeben. Alles für weitere 10 Minuten köcheln lassen.
4. Die Pfanne vom Herd nehmen und z.B. zusammen mit Reis servieren.

TIPP

Du kannst Deinen abgekochten Reis auch direkt in die Pfanne zu den anderen Zutaten geben für maximalen Geschmack.

MACROS

Pro Portion
(Rezept ergibt 1 Portion)

Kalorien	369.9
Fett	7.9g
Kohlenhydrate	33.1g
Ballaststoffe	9g
Zucker	28g
Protein	39g

ZUTATEN

Zwiebeln (50g)
Kokosmilch (100ml)
Gemüsebrühe (1 TL)
Curry (1 TL oder mehr)
Fisch (200g), z.B. Kabeljau
Statt Fisch: Tofu (200g)
Ananas (1/2 Stück)
Paprika (1 Stück)
Zucchini (1/2 Stück)

VEGANER POWER AUFLAUF

Suchtgefahr! Super leckerer Auflauf mit pflanzlichen Eiweissquellen.

1 Die Süßkartoffeln in einem Topf mit Wasser zum kochen bringen und für ca. 20 Minuten auf mittlerer Stufe köcheln lassen.

2 Zwiebeln, Zucchini und Lauch kleinschneiden und in einer vorgeheizten Pfanne auf mittlerer Stufe 1 Minute anbraten.

3 Das Gemüse aus der Pfanne in ein ofengeeignetes Gefäß geben. Dazu die Kichererbsen, Linsen und Kidney-Bohnen direkt aus der Dose geben.

4 Alles gut in dem Gefäß vermengen und glattstreichen. Die Süßkartoffeln auf einem Teller mit einer Gabel zerdücken und den Brei als Topping über allem verteilen.

5 Optional etwas Gemüsebrühepulver und geriebenen Käse darübergeben und für ca. 15 Minuten bei 180° OU-Hitze in den Backofen stellen.

TIPP

Als Veganer kannst Du statt geriebenem Käse „Pizzaschmelz" verwenden (besteht aus Kokos und Stärke).

MACROS

Pro Rezept
(Rezept ergibt 2 Portionen)

Kalorien	1342.6
Fett	14.2g
Kohlenhydrate	216.9g
Ballaststoffe	54.5g
Zucker	35.2g
Protein	78g

ZUTATEN

Süßkartoffeln (3 Stück)
Kichererbsen (1 Dose)
Linsen (1 Dose)
Kidney-Bohnen (1 Dose)
Geriebener Käse
Lauch (3 Stangen)
Zucchini (1 Stück)
Zwiebel (1 Stück)
optional: Knoblauch (1 Zehe)

KleineKalorien SQUAT SALAT

Super leckerer Fitness-Salat mit viel Eiweiss und wenig Kalorien.

1 Die Garnelen in einer vorgeheizten Pfanne für 30 Sekunden auf höchster Stufe anbraten.

2 Die Zucchini, Tomaten und Oliven kleinschneiden und in eine Schüssel geben. Die Garnelen dazugeben.

3 In einer separaten Schüssel aus Olivenöl, Zitronensaft, Salz, Pfeffer und Senf die Senf-Sauce mit einem Löffel anrühren.

4 Die Sauce gleichmäßig über dem Salat verteilen.

TIPP

Du kannst die Zucchini sowohl roh essen als auch kurz anbraten. Probier es aus!

MACROS

Pro Portion
(Rezept ergibt 1 Portion)

Kalorien	318.4
Fett	15.2g
Kohlenhydrate	7.8g
Ballaststoffe	4.2g
Zucker	5.8g
Protein	35g

ZUTATEN

Garnelen (200g)
Zucchini (1 Stück)
Tomaten (2 Stück)
optional: schwarze Oliven (5 Stück)
Olivenöl (1 TL)
Zitronensaft (Spritzer)
Salz (Priese)
Pfeffer (Priese)
Senf (1 TL)

GroßerHunger PROTEIN PANCAKE

Klassiker trifft Fitness-Rezept. Ein genialer Snack mit viel Eiweiss.

1 Die Kartoffeln schälen und unter fließendem Wasser abwaschen.

2 Sowohl Kartoffeln als auch Zwiebeln mit einer Kartoffel-Reibe (ca. 3 bis 5€ im Supermarkt) kleinmachen.

3 Eier, Eiklar, Haferflocken und Salz dazugeben und gut vermengen. Eine Pfanne vorheizen und leicht einfetten, falls nötig.

4 Etwas vom Teig in die Pfanne geben, flachdrücken und auf mittlerer Hitze mit einmaligem Wenden braten.

5 Sobald der Teig erste braune Stellen bildet („kross"), aus der Pfanne nehmen und auf einem Teller mit z.B. Apfelmus servieren.

TIPP

Können direkt warm oder unterwegs kalt gegessen werden. Alternativ z.B. 1 Minute in der Mikrowelle aufwärmen.

MACROS

Pro Pfannkuchen
(Rezept ergibt 10 Stück)

Kalorien	114.4
Fett	2.7g
Kohlenhydrate	17g
Ballaststoffe	1.6g
Zucker	4.7g
Protein	4.7g

ZUTATEN

Kartoffeln festkochend (12 Stück)
Zwiebel (1 Stück)
Eier (2 Stück)
Eiklar (2 Stück)
Haferflocken (5 EL)
Salz (Priese)
optional: Apfelmus

KleineKalorien SOMMERROLLEN

Maximaler Geschmack und minimale Kalorien.

1 Karotte und Salatgurke in kleine Stückchen schneiden. Alles „Stangengemüse" abwaschen und in eine Schüssel legen.

2 Honig, Zitronensaft und Paprikapulver in einer Schüssel vermischen. Das Hähnchen oder Tofu kleinschneiden und in der Sauce marinieren.

3 Eine große Schüssel mit kaltem Wasser füllen. Jeweils 1 Reispapier zum Aufweichen für 30 Sekunden in die Schüssel und dann direkt auf einen Teller legen.

4 Das Reispapier mit dem Gemüse und Hähnchen bzw. Tofu belegen. Etwas Zitronensaft darüber träufeln. Stangengemüse abpflücken, z.B. Minze, und auch dazugeben.

5 Das Reispapier von zwei Seiten zusammenklappen und die Enden einknicken.

TIPP

Zu den Sommerrollen eignet sich perfekt eine Erdnusssauce, wie man sie in jedem Supermarkt erhält.

MACROS

Pro Rolle
(mit 35g Hähnchen)

Kalorien	73.4
Fett	0.7g
Kohlenhydrate	7.2g
Ballaststoffe	0.6g
Zucker	0.9g
Protein	9.1g

ZUTATEN

Reispapier (ca. 6 Stück)
Hähnchen oder Tofu (200g)
Karotte (1 Stück)
Salatgurke (1/2 Stück)
optional: Koriander & Minze
optional: Basilikum
optional: Reisnudeln
Honig (1 TL)
Zitronensaft (Spritzer)
Chili-/Paprikapulver (1/2 TL)

VEGANE PROTEIN BOMBE

Genialer Snack mit pflanzlicher Eiweissquelle.

1 Alle Zutaten in eine Schüssel geben und mit einem Stabmixer pürieren. Falls kein Stabmixer zur Hand, funktioniert auch ein normaler Mixer.

2 Ein Backblech mit Backfolie vorbereiten. Aus dem Teig mit einem Löffel kleine, flache Falafel formen (ca. 4x2cm) und auf die Backfolie legen.

3 Das Backblech für 20 Minuten bei 180° (Ober- / Unterhitze) in den Backofen geben. Die Falafel 1x wenden und erneut für 20 Minuten in den Backofen geben.

4 Das Backblech aus dem Ofen holen und die Falafel kurz abkühlen lassen.

5 Zum Beispiel mit einem Protein-Dip aus 200g Magerquark, 20ml Wasser, einem Spritzer Zitronensaft, Salz und Kräutern servieren.

TIPP

Das Rezept kann mit Ei, nur mit Eiklar (um Fett zu sparen) oder komplett ohne Ei zubereitet werden (vegan).

MACROS

Pro Rezept
(Rezept ergibt 15 Falafel)

Kalorien	633.8
Fett	10.5g
Kohlenhydrate	96.5g
Ballaststoffe	26.5g
Zucker	5.7g
Protein	34g

ZUTATEN

Kichererbsen (1 Dose, ca. 250g)
Mehl (9 EL)
Backpulver (1 TL)
Petersilie (3 EL)
optional: Kümmel (1 TL)
Zwiebel (1 Stück)
optional: Knoblauch (1 Zehe)
Pfeffer & Salz (Priese)
Paprikapulver (1/2 TL)
optional: Ei (1 Stück)

DIE FITNESS FRIKADELLEN

Voller Genuss, viel Eiweiss und perfekt für unterwegs.

1 Alle Zutaten in einer Schüssel oder einem tiefen Teller zu einem Teig vermengen.

2 Je nach Deinen Kalorien kann noch ein halbes Vollkornbrötchen (oder Haferflocken) im Mixer zu kleinen Bröseln zerkleinert und zu dem Teig gegeben werden.

3 In eine vorgeheizte Pfanne etwas von dem fertigen Teig geben und für 2 Minuten auf jeder Seite bei höchster Stufe anbraten.

4 Alternativ können die Fitness-Frikadellen auch im Ofen zubereitet werden. Für ca. 15 Minuten bei 180° Ober-/Unterhitze.

TIPP

Ein einfacher Dip kann aus 1,5% Joghurt, Salz, Kräuter der Provence und Paprikapulver schnell gemacht werden.

MACROS

Pro Frikadelle
(Rezept ergibt 10 Frikadellen)

Kalorien	130.1
Fett	7.6g
Kohlenhydrate	0.3g
Ballaststoffe	2g
Zucker	0.3g
Protein	14g

ZUTATEN

Hackfleisch (z.B. vom Rind, 500g)
Körniger Frischkäse (200g)
Ei (1 Stück)
Paprikapulver (1 TL)
Pfeffer (1 TL)
Gemüsebrühe (1 EL)
optional: Vollkornbrötchen
optional: Haferflocken

KLEINE PROTEIN BOMBEN

Klein, fein und supereinfach zuzubereiten.

1. Alle Zutaten in einer Schüssel zu einem Teig vermengen. Den Teig auf einem (Holz) Brett mit einer Gabel ausbreiten und platt drücken (ca. 2cm hoch).
2. Den Teig mit einem Messer in kleine Bahnen schneiden (ca. 2cm breit). Die Bahnen dann seitlich zu einer Rolle rollen.
3. Von den Rollen jeweils kleine Stückchen (ca. 2cm Länge) abschneiden.
4. Die Protein-Bomben in einen Topf mit kochendem Wasser und etwas Gemüsebrühe geben und für 5 Minuten auf mittlerer Stufe köcheln lassen.
5. Aus dem Topf nehmen und mit etwas Salz und Schnittlauch verfeinern.

TIPP

Du kannst verschiedene Mehlsorten, wie z.B. auch Dinkel-Vollkornmehl, verwenden.

MACROS

Pro Rezept
(Rezept ergibt 2 Portionen)

Kalorien	1360 2
Fett	15.2g
Kohlenhydrate	221.2g
Ballaststoffe	8.3g
Zucker	5.4g
Protein	75.7g

ZUTATEN

Körniger Frischkäse (250g)
Mehl (300g)
Eier (2 Stück)
Salz (1 TL)
optional: Basilikum
optional: Schnittlauch

DER FITNESS DÖNER

Eine gesunde Alternative zum Original. Mit 100% Geschmack.

1 Mehl, Hefe, Salz, Wasser und 1TL Olivenöl in eine Schüssel geben und mit den Händen zu einem Teig vermengen. Den Teig für 10 Minuten ruhen lassen.

2 Teig in 3 Bälle aufteilen (jeweils 250g) und jeden Ball zu einem flachen Kreis kneten (0,5cm hoch). Gemüse kleinschneiden und Hähnchen in einer Pfanne anbraten.

3 Passierte Tomaten, 3 kleine Tomaten und 1 Zwiebel in eine Schüssel geben und verrühren. Optional Salz, Pfeffer und 1TL Olivenöl dazugeben.

4 Die 3 Dönerbrote jeweils mit der Sauce bestreichen und auf einem Backblech mit Backfolie für 10 Minuten bei 180° OU-Hitze in den Ofen geben.

5 Den Fitness-Döner z.B. mit Hähnchen, Salatgurke, Krautsalat und Paprika belegen und Dönersauce darübergeben (s. Tipps). Zusammenklappen und in Alufolie wickeln.

TIPP

Fitness-Döner Sauce: in eine Schüssel 100g Magerquark, 100g 1,5% Joghurt, 100g Salatgurke (gewürfelt), Salz und Kräuter der Provence geben. Alles gut verrühren.

MACROS

Pro Döner
(Rezept ergibt 3 Döner)

Kalorien	853.6
Fett	6.5g
Kohlenhydrate	133.3g
Ballaststoffe	8.3g
Zucker	9.8g
Protein	60g

ZUTATEN

Mehl (500g)
Trockenhefe (1 Packung)
Salz (1 TL)
Wasser (1 Glas)
Olivenöl (2 TL)
Passierte Tomaten (200ml)
Tomaten (3 kleine) & Salatgurke (100g)
Zwiebel (1 Stück)
Magerquark (100g) & Joghurt 1,5% (100g)
Hähnchen oder Tofu gebraten (400g)

HEALTHY CHICKEN NUGGETS

Die gesündesten Chicken Nuggets der Welt.

1. Buttermilch, Paprikapulver, Salz und Pfeffer in einer Schüssel vermengen. Das Hähnchen roh in Nuggetgröße (ca. 5x2cm) schneiden und in die Sauce geben.
2. Das Hähnchen ein paar Minuten in der Marinade ziehen lassen. Brot oder Haferflocken in einen Mixer geben und zu Krümeln verarbeiten.
3. Die Krümel in eine Schüssel und optional geriebenen Käse dazugeben. Gut vermengen. Die Hähnchenstücke mit der Hand in der Panade von beiden Seiten wenden.
4. Ein Backblech (optional mit Backfolie) vorbereiten. Die Fitness Chicken-Nuggets darauf ausbreiten.
5. Für 2x8 Minuten bei 220° Ober-/Unterhitze in den Backofen geben, dazwischen wenden. Rausholen und genießen.

TIPP

Der extra Käse schmilzt im Ofen und hält die Panade besonders gut zusammen.

MACROS

Pro Nugget
(Rezept ergibt 20 Nuggets)

Kalorien	34.6
Fett	0.5g
Kohlenhydrate	2.3g
Ballaststoffe	0.3g
Zucker	0.2g
Protein	5g

ZUTATEN

Buttermilch (500ml)
Paprikapulver (1 EL)
Salz & Pfeffer (1/2 TL)
Pute (350g)
Brot (gemahlen, 100g)
Haferflocken (gemahlen, 100g)
optional: geriebener Käse (20g)

DER FitMac

Der gesunde Do-It-Yourself Fitness Burger. Einfach göttlich!

---

1 Ei, Mehl, Magerquark, Hefe, Backpulver und Honig (oder Süßstoff/Stevia) in eine Schüssel geben und mit den Händen zu einem Teig formen. Ein Brett vorbereiten.

2 Aus dem Teig 2 gleiche Bälle formen und mit der Hand flachdrücken (je 12x1cm). Beide mit dem übrigen 1/2 Ei bestreichen. Mit Sesamkörnern bestreuen.

3 Ein Backblech mit Backfolie vorbereiten. Die beiden Teigteile darauf ausbreiten. Für 15 Minuten bei 180° OU-Hitze in den Backofen geben.

4 Aus dem Ofen holen und beide horizontal aufschneiden. Nur 1x Deckel und 2x Unterseite wird benötigt. Unterseiten mit FitMac-Sauce bestreichen (s. Tipps).

5 Hackfleisch mit den Händen zu 2 Frikadellen formen und anbraten. FitMac wie folgt belegen: Brot - Sauce - Salat - Käse - Fleisch - Brot - Sauce - Salat - Fleisch - Deckel.

TIPP

Für die FitMac-Sauce folgendes in eine Schüssel geben: 1TL Senf, 2TL Ketchup, 2EL Joghurt 1 5%. Schmeckt göttlich!

MACROS

Pro 100g
(Burger wiegt ca. 425g)

Kalorien	159.7
Fett	2.2g
Kohlenhydrate	17.9g
Ballaststoffe	5g
Zucker	1.4g
Protein	16g

ZUTATEN

Ei (1/2 Stück) & Mehl (100g)
Magerquark (100g) & Joghurt 1,5% (2 EL)
Trockenhefe (1 Packung)
Backpulver (1/4 Packung)
Sesamkerne
Honig (1 TL) oder Süßstoff
Senf (1 TL) & Ketchup (2 TL)
Salat (2 Blätter) & Käse (1 Scheibe)
Hackfleisch / Tatar (200g)
optional: Salzgurken

NoExcuses CURRY PROTEIN-PFANNE

Super leckere Fitness-Pfanne mit hohem Eiweissanteil.

1 Eine Pfanne (keinen Topf) mit dem Reis, 200ml Wasser und etwas Gemüsebrühe (1 bis 2TL) zum Kochen bringen.

2 Für ca. 15 Minuten auf mittlerer Stufe köcheln lassen, bis der Reis fertig ist. Banane, Hähnchen bzw. Tofu und Gemüse kleinschneiden.

3 Anschliessend 1EL Curry, Hähnchen/Tofu, und Zwiebeln in die Pfanne geben und weiter köcheln lassen.

4 In eine kleine Schüssel die Kokosmilch, 1/2 Banane und 1EL Curry geben. Mit einer Gabel die Banane zerdrücken und alles zu einer Sauce verrühren.

5 Die Sauce über die Pfanne gießen und gut verrühren. Die restliche Banane, Paprika und Zucchini in die Pfanne geben und 5 Minuten weiter köcheln lassen.

TIPP

In Kombination mit der Kokosmilch, Curry und Gemüsebrühe eignet sich Tofu (natur) perfekt für das Rezept statt Fleisch.

MACROS

Pro Portion
(Rezept ergibt 2 Portionen)

Kalorien	493.4
Fett	8g
Kohlenhydrate	57g
Ballaststoffe	8.2g
Zucker	14g
Protein	45g

ZUTATEN

Hähnchen oder Tofu (250g)
Reis (100g)
Zwiebel (1 Stück)
Zucchini (1/2 Stück)
Mais (100g)
Paprika (1 Stück)
Banane (1 Stück)
Kokosmilch (100ml)
Gemüsebrühe
Curry (2 EL) & Salz (Priese)

VollerGeschmack PROTEIN PIZZA

Ab jetzt ist Pizza auch für Fitness-Freaks erlaubt.

1. Magerquark, Mehl, Ei, Olivenöl, Backpulver und Salz in eine Schüssel geben und mit den Händen zu einem Teig formen.
2. Aus dem Teig eine flache Pizza formen (ca. 20x1,5cm). Das Hähnchen in einer Pfanne anbraten oder in Wasser kochen.
3. 150g vom Hähnchen mit den Händen in kleine Streifen zupfen und auf dem Pizzateig verteilen. Darüber das Tomatenmark mit einer Gabel verteilen.
4. Das restliche Hähnchen zusammen mit der Paprika in kleine Würfel schneiden und auf der Pizza verteilen. Den geriebenen Käse darübergeben.
5. Die Fitness-Pizza für 15 bis 20 Minuten bei 190° Umluft in den Backofen geben.

TIPP

Statt mit Hähnchen kannst Du die Pizza z.B. auch mit extra Käse oder Tofu-Würfeln belegen.

MACROS

Pro Pizza
(Pizza wiegt ca. 750g)

Kalorien	1175.4
Fett	20.4g
Kohlenhydrate	128.1g
Ballaststoffe	9.5g
Zucker	18.7g
Protein	111.8g

ZUTATEN

Magerquark (150g)
Mehl (150g)
Ei (1 Stück)
Olivenöl (1/2 EL)
Backpulver (1 TL) & Salz (1 TL)
Paprika (50g)
Hähnchen oder Tofu (250g)
Geriebener Käse (30g)
Tomatenmark (50g)
optional: Schnittlauch

KleineKalorien FITNESS SPAGHETTI

Suchtgefahr! Und das bei ganz kleinen Kalorien!

1 Die Zucchini nach Wunsch schälen (optional). Mit einem Spiralschneider (kostet ca. 5€) die Zucchini in Spaghettiform zerkleinern.

2 Eine Pfanne mit den Zucchini-Spaghetti, dem Wasser und etwas Gemüsebrühe (1 bis 2TL) erhitzen und für 5 Minuten auf mittlerer Stufe stehen lassen.

3 In einen Mixer Feta, Joghurt, Paprikapulver und Tomatenmark geben und vermengen lassen.

4 Die Fitness-Spaghetti aus der Pfanne holen (überschüssiges Wasser abgießen) und auf einem Teller verteilen. Die Sauce darübergeben.

5 Hähnchen oder Tofu in dünne Streifen schneiden und in einer Pfanne anbraten. Die Streifen zusammen mit den Tomaten über die Fitness-Spaghetti geben.

TIPP

Spiralschneider sind ein praktisches und günstiges Werkzeug für jeden Sportler. Du findest sie ab ca. 5€ online oder im Supermarkt.

MACROS

Pro Portion
(Rezept ergibt 1 Portion)

Kalorien	403.9
Fett	12g
Kohlenhydrate	19g
Ballaststoffe	4.2g
Zucker	17.9g
Protein	52g

ZUTATEN

Zucchini (1 Stück)
Wasser (1 Glas)
Gemüsebrühe (1 TL)
Tomatenmark (2 EL)
Feta Light (80g)
Joghurt 1,5% (150g)
Paprikapulver
Hähnchen oder Tofu (100g)
Tomaten (2 kleine)

bway.com

DER FITNESS SUB

Der gesunde Do-It-Yourself Fitness Sub. Unglaublich lecker!

1. Magerquark, Mehl, Ei, Olivenöl und Backpulver in eine Schüssel geben und mit den Händen zu einem Teig formen.
2. Aus dem Teig einen länglichen Sub formen (ca. 30x8cm), am besten direkt auf einer Backfolie.
3. Ein Ei verquirlen und mit einem Papiertuch den Sub damit einreiben. Leinsamen, Sonnenblumenkerne und Sesamkörner darüberstreuen.
4. Die Backfolie mit dem Sub auf ein Backblech legen und für 25 Minuten bei 180° OU-Hitze in den Ofen geben.
5. Den Sub aufschneiden und wie folgt belegen: Brot - Sauce (s. Tipps) - Salatblatt - Tomatenscheiben - Gurkenscheiben - Oliven - Jalapenos - Sauce - Hähnchen - Deckel.

TIPP

Für die Fitness-Sub Sauce folgendes in eine Schüssel geben: 1EL Senf, 3EL Joghurt 1,5%, 2TL Honig. Gut verrühren. Yummy!

MACROS

Pro 100g
(Sub wiegt ca. 700g)

Kalorien	131 1
Fett	1.6g
Kohlenhydrate	14.0g
Ballaststoffe	0.7g
Zucker	1.7g
Protein	14.3g

ZUTATEN

Magerquark (120g) & Joghurt 1,5% (3 EL)
Dinkelvollkornmehl (120g)
Ei (1 Stück)
Olivenöl (1/2 EL)
Backpulver (1/2 Packung)
Sonnenblumenkerne & Leinsamen
Sesamkörner
Senf (1 EL) & Honig (2 TL)
Hähnchen (250g)
Jalapenos, Salatgurke & Oliven

„WE LOVE PROTEIN“ PFANNE

Erfrischende High-Protein Pfanne der anderen Art.

1. Couscous und Gemüsebrühe in eine Schüssel geben und mit 100ml kochendem Wasser aufgießen. Für 5 Minuten stehen lassen. Optional 1EL Olivenöl dazugeben.
2. Die getrockneten Aprikosen kleinschneiden. Das Hackfleisch in einer Pfanne anbraten und nach dem Wenden die Cashews und Aprikosen dazugeben. Kurz weiterbraten.
3. Wenn der Couscous das gesamte Wasser aufgesogen hat, mit einer Gabel kurz umrühren und den Inhalt der Pfanne dazugeben. Erneut umrühren.
4. Nach Wunsch etwas Petersilie kleinschneiden und darübergeben.

TIPP

Dieses Rezept ist von einem Zuschauer des COOKED & SHREDDED YouTube Kanals inspiriert worden. (Snapchat: valentin1860)

MACROS

Pro Rezept
(Rezept ergibt 2 Portionen)

Kalorien	1019 3
Fett	20.5g
Kohlenhydrate	127.2g
Ballaststoffe	18.8g
Zucker	49.4g
Protein	74.4g

ZUTATEN

Couscous (100g)
Optional: Olivenöl (1 EL)
Hackfleisch oder Tatar (250g)
Getrocknete Aprikosen (100g)
Cashewkerne (25g)
Gemüsebrühe (2 TL)
Knoblauch (1/2 Zehe)
Petersilie
Kümmel
Salz & Pfeffer (Priese)

QUICKIE PROTEIN PFANNKUCHEN

Viel mehr als nur ein Pfannkuchen. Reich an Eiweiß & Ballaststoffen!

1 Den Reis in einem Topf kochen. Die Karotte mit einer Reibe zerkleinern (alternativ mit einem Messer kleinschneiden).

2 Alle Zutaten, bis auf den körnigen Frischkäse und Schnittlauch, in eine Schüssel geben. Den gekochten Reis ebenfalls dazugeben.

3 Alles gut vermengen, bis ein gleichmäßiger Teig entsteht.

4 Aus dem Teig einen oder mehrere Pfannkuchen mit einem Kochlöffel in einer vorgeheizten (und eingefetteten) Pfanne formen und auf mittlerer Stufe ausbraten.

5 Falls möglich, den Fitness-Pfannkuchen wenden. Aus der Pfanne nehmen, mit körnigem Frischkäse bestreichen und etwas Schnittlauch dazugeben.

TIPP

Auch genial für unterwegs! Einfach Pfannkuchen einpacken & körnigen Frischkäse später dazugeben.

MACROS

Pro Portion
(Rezept ergibt 1 Portion)

Kalorien	826.0
Fett	10.1g
Kohlenhydrate	131.2g
Ballaststoffe	6.9g
Zucker	8.6g
Protein	47.1g

ZUTATEN

Reis (125g)
Eier (1 Stück)
Mehl (4 EL)
Wasser (1/4 Glas)
Karotte (1 Stück)
Salz & Pfeffer (Priese)
optional: Schnittlauch
Körniger Frischkäse (200g)

POST WORKOUT AUFLAUF

Eiweissbombe für mehrere Mahlzeiten.

1 Kokosöl, Honig (bzw. Süßstoff/Stevia) und Eier in eine Schüssel geben und gut vermengen. Am besten mit einem Handrührer.

2 Quark, 125ml Milch, Zitronensaft und die Banane dazugeben. Erneut alles zu einem möglichst flüssigen Teig vermengen.

3 Den Teig in ein ofengeeignetes Gefäß geben (z.B. aus Glas) und glattstreichen. Die restlichen 125ml Milch darübergeben.

4 Das Gefäß für 1 Stunde bei 180° OU-Hitze in den Ofen stellen. Gefrorene Himbeeren mit etwas Stevia / Süßstoff in einen Mixer geben.

5 Aus dem Mixer in eine Schüssel und für 1,5 Minuten in die Mikrowelle auf höchster Stufe geben. Als Sauce über den Post-Workout Auflauf geben.

TIPP

Die Backzeit im Ofen kann bei höherer Temperatur dementsprechend kürzer werden.

MACROS

Pro Portion
(Rezept ergibt 2 Portionen)

Kalorien	760.5
Fett	17.4g
Kohlenhydrate	97.1g
Ballaststoffe	4.3g
Zucker	21.2g
Protein	48.5g

ZUTATEN

Milchreis (200g)
Magerquark (500g)
Milch (250ml)
Ei (2 Stück)
Kokosöl (1 EL)
Honig (2 TL)
Zitronensaft (Spritzer)
Banane (1 Stück)
Statt Honig: Stevia / Süßstoff
Gefrorene Himbeeren (100g)

AssToGrass PROTEIN WRAP

Der große Hunger nach dem Training kann kommen!

1 Eier, geriebenen Käse und Magerquark in eine Schüssel geben und mit einer Gabel vermengen.

2 Ein Backblech mit Backfolie vorbereiten. Den Teig flach als Quadrat darauf ausbreiten. Für 12 Minuten bei 180° OU-Hitze in den Backofen geben.

3 Fleisch oder Tofu in einer Pfanne anbraten und in kleine Würfel schneiden.

4 Das Blech aus dem Ofen nehmen und den körnigen Frischkäse zusammen mit kleingeschnittenen Tomaten, Salat und Fleisch/Tofu auf dem Wrap verteilen.

5 Nach Belieben mit Kräutern, Salz und Pfeffer würzen. Wrap z.B. von einer Seite rollen und in Alufolie für unterwegs verpacken oder direkt essen.

TIPP

Achte darauf, dass der Teig nicht mehr flüssig ist, wenn Du ihn aus dem Ofen holst.

MACROS

Pro Portion
(Rezept ergibt 1 Portion)

Kalorien	952.2
Fett	29.9g
Kohlenhydrate	21.2g
Ballaststoffe	0.7g
Zucker	17.9g
Protein	142.5g

ZUTATEN

Eier (3 Stück)
Geriebener Käse (80g)
Magerquark (200g)
Körniger Frischkäse (200g)
Hähnchen (200g)
Statt Fleisch: Tofu (200g)
Tomaten (3 kleine)
Salat (nach Belieben)

5 MINUTEN PROTEIN PIZZA

Geniale Fitness-Pizza, wenn es mal schnell gehen soll.

1. Alle Zutaten, bis auf Tomatenmark, geriebenen Käse und Kräuter, in einer Schüssel mit einer Gabel zu einem Teig vermengen.
2. Den Teig (relativ trockene Konsistenz) in ein mikrowellengeeignetes, optimalerweise rundes, Gefäß geben (z.B. aus Silikon oder Glas).
3. Zur Not mit dem Teig eine runde Pizzaform auf einem Teller formen (ca. 2 bis 3cm hoch). Mit der Gabel den Teig flach und fest drücken.
4. Das Tomatenmark auf der Pizza verteilen und den Käse darübergeben. Optional für mehr Protein noch Schinken oder Salami dazugeben.
5. Die Pizza für 5 bis 6 Minuten bei 1000 Watt in die Mikrowelle stellen, bis der Käse geschmolzen ist.

TIPP

Pass die Dicke des Fitness-Pizzateigs an Deinen Geschmack an. Variiere einfach die Menge an Quark und Mehl dementsprechend.

MACROS

Pro Pizza
(Rezept ergibt 1 Pizza)

Kalorien	670.4
Fett	17.1g
Kohlenhydrate	84.3g
Ballaststoffe	5.5g
Zucker	11.6g
Protein	40g

ZUTATEN

Magerquark (100g)
Mehl (100g)
Ei (1 Stück)
Olivenöl (1/2 EL)
Backpulver (1 TL)
Salz (1 TL)
Tomatenmark (75g)
optional: Kräuter
optional: geriebener Käse (30g)

POWER WRAP

Voller Geschmack, Food-Porn Optik und 50g Protein.

1 Der Rahmspinat wird häufig gefroren verkauft. Entweder vorab auftauen im Kühlschrank oder kurz in einem Topf erhitzen.

2 Spinat, Eier und Käse in eine Schüssel geben und mit einer Gabel vermengen.

3 Ein Backblech mit Backfolie vorbereiten. Den Teig flach als Quadrat darauf ausbreiten (Höhe 0,5cm).

4 Für 15 Minuten bei 180° OU-Hitze in den Backofen geben. Rausholen und den POWER-Wrap mit körnigem Frischkäse und Lachs belegen.

5 Den POWER-Wrap von einer Seite aufrollen und in Alufolie wickeln.

TIPP

2 Möglichkeiten, wenn Du den POWER-Wrap nicht gut rollen kannst: Länger im Ofen lassen (wird fester) oder mehr Käse verwenden.

MACROS

Pro Portion
(Rezept ergibt 2 Portionen)

Kalorien	394 0
Fett	16.4g
Kohlenhydrate	5.8g
Ballaststoffe	1.6g
Zucker	3.8g
Protein	52.7g

ZUTATEN

Körniger Frischkäse (200g)
Räucherlachs (150g)
Geriebener Käse (60g)
Rahmspinat (180g)
Ei (3 Stück)

PROTEIN TASCHEN

Jeder Bissen ein Fest für Geschmack und Nährwerte.

1. Mehl, Quark, Eier, Salz und Honig (oder Süßstoff) in eine Schüssel geben und mit einer Gabel vermengen.
2. Anschliessend den Teig noch einmal mit den Händen durchkneten. Kleine Stücke vom Teig abreißen und Quadrate formen (6x6cm, 1cm hoch).
3. In eine Schüssel den körnigen Frischkäse, 1TL Salz, 1TL Pfeffer, Kräuter und Schnittlauch geben. Gut verrühren.
4. Auf die Protein-Taschen jeweils etwas von der Frischkäse-Creme geben. Die Taschen dann zusammenklappen und am Rand mit den Fingern festdrücken.
5. Kochtopf mit Wasser und Gemüsebrühe zum Kochen bringen. Die Protein-Taschen für 15 Minuten darin kochen, bis sie an die Oberfläche steigen.

TIPP

Du kannst die Protein-Taschen statt in kochendem Wasser auch für 30 Minuten bei 180° OU-Hitze auf ein Backblech in den Ofen geben.

MACROS

Pro Protein-Tasche
(Rezept ergibt 10 Stück)

Kalorien	129 4
Fett	0.9g
Kohlenhydrate	19.5g
Ballaststoffe	0.7g
Zucker	1.4g
Protein	10g

ZUTATEN

Magerquark (250g)
Mehl (250g)
Ei (1 Stück)
Salz & Pfeffer (Priese)
Honig
Statt Honig: Stevia / Süßstoff
Kräuter der Provence
Körniger Frischkäse (200g)
optional: Schnittlauch

DAS GAINS BROT

Ein Brot wie kein anderes. Viel Protein & Food-Porn Optik!

1 Alle Zutaten, bis auf körnigen Frischkäse, Tomaten und Schnittlauch, in einer Schüssel mit einer Gabel zu einem Teig vermengen.

2 Den Teig weiter mit den Händen kneten und auf einer Backfolie daraus eine rechteckige Brotform (ca. 4cm hoch) formen.

3 Das Backblech mit der Backfolie und dem Brot für ca. 30 Minuten bei 180° OU-Hitze in den Backofen geben.

4 Aus dem Ofen holen und mit einem Messer einen ca. 4cm breiten Streifen aus dem Deckel des Brots schneiden (2cm tief).

5 Körnigen Frischkäse in die Öffnung geben und optional darüber geriebenen Käse, Tomaten und Schnittlauch. Erneut für 5 Minuten in den Ofen geben.

TIPP

Wenn Du das Gains-Brot mitnehmen möchtest, lass es kurz abkühlen, damit der körnige Frischkäse wieder fest wird, bevor Du es einpackst.

MACROS

Pro Portion
(Rezept ergibt 2 Portionen)

Kalorien	594.3
Fett	5.6g
Kohlenhydrate	88.7g
Ballaststoffe	3.1g
Zucker	9.4g
Protein	43.4g

ZUTATEN

Magerquark (220g)
Mehl (220g)
Ei (1 Stück)
Backpulver (1/2 Packung)
Honig (1TL)
Tomaten (2 kleine)
optional: Rosinen & Oliven
optional: Sonnenblumenkerne
Körniger Frischkäse (200g)
optional: Schnittlauch

FITNESS KARTOFFEL WEDGES

Gesunde Fitness-Wedges mit dem gewissen Extra an „Crunchiness“.

1 Die Kartoffeln abwaschen, schälen und in dicke Streifen schneiden (ca. 2cm hoch).

2 Frischhaltetüte bzw. Gefrierbeutel nehmen und die Fitness-Wedges hineingeben. Salz, Paprikapulver und Öl dazugeben.

3 Die Tüte verschliessen und erst dann schütteln und kneten, bis sich alles gut mit den Kartoffeln vermischt hat.

4 Die Fitness-Wedges auf einem Backblech mit Backfolie verteilen. Für 30 Minuten bei 200° Umluft in den Backofen geben.

5 Nach den ersten 20 Minuten einen Holzlöffel in die Ofentür klemmen, damit die Feuchtigkeit entweichen kann.

TIPP

Lassen sich perfekt in großer Menge „mealpreppen“ und dann im Kühlschrank oder einer Box für unterwegs aufbewahren.

MACROS

Pro Portion

(Rezept ergibt 1 Portion)

Kalorien	259.3
Fett	4.6g
Kohlenhydrate	46.9g
Ballaststoffe	3.7g
Zucker	2.4g
Protein	5.8g

ZUTATEN

Kartoffeln festkochend (300g)
Olivenöl (2 TL)
Paprikapulver (2 TL)
Salz (1 TL)

SNACKS

FÜR DEN KLEINEN HUNGER

„Ich habe einen ganz einfachen Geschmack: Ich bin immer mit dem Besten zufrieden.“

Oscar Wilde

FITNESS PLÄTZCHEN

Geniale Fitness-Plätzchen für zwischendurch.

1. Eiklar und Honig in eine Schüssel geben und mit einem Handrührer schaumig schlagen.
2. Kokosraspeln und Magerquark dazugeben und erneut vermengen. Den Teig für 20 Minuten in den Kühlschrank stellen (optional).
3. Ein Backblech mit Backfolie vorbereiten. Mit einer Gabel oder den Händen kleine Teighäufchen auf der Backfolie formen.
4. Das Backblech für 10 Minuten bei 180° OU-Hitze in den Backofen geben, bis die Fitness-Plätzchen erste braune Stellen aufweisen.

TIPP

Die Fitness-Plätzchen am besten im Kühlschrank aufbewahren.

MACROS

Pro Fitness-Plätzchen
(Rezept ergibt 45 Plätzchen)

Kalorien	17.1
Fett	1.3g
Kohlenhydrate	0.5g
Ballaststoffe	0.5g
Zucker	0.3g
Protein	0.7g

ZUTATEN

Eiklar (4 Stück)
Kokosraspeln (100g)
Magerquark (100g)
Honig (1 EL)
Salz (Priese)
optional: Stevia / Süßstoff

NoGuilt PROTEIN EIS

Super leckeres Eis mit wenig Kalorien für zwischendurch.

1 Alle Zutaten in eine Schüssel geben und mit einem Handrührer oder einer Gabel vermengen.

2 In mehrere kleine Gefäße geben und optional z.B. mit Kokosraspeln und gehackten Mandeln bestreuen.

3 Für 30 bis 60 Minuten ins Gefrierfach stellen.

4 Vor dem Verzehr 2 bis 3 Minuten auftauen lassen.

TIPP

Zucker im Eis (z.B. aus dem Honig) hilft dabei, dass das Eis schön cremig wird.

MACROS

Pro Portion
(Rezept ergibt 4 Portionen)

Kalorien	84.6
Fett	4.9g
Kohlenhydrate	2.8g
Ballaststoffe	0g
Zucker	2.7g
Protein	6.6g

ZUTATEN

Eigelb (3 Stück)
Honig (1 TL)
Zimt (1 TL)
Magerquark (125g)
Milch (50ml)
optional: Stevia / Süßstoff

RESTDAY NÜSSE

Der perfekte Snack für die Arbeit oder einen gemütlichen Abend.

1 Zimt, Wasser und Honig (bzw. Süßstoff / Stevia) in einer Schüssel vermengen.

2 Die Mandeln dazugeben und alles miteinander vermischen.

3 Die Mandeln auf einen Teller geben und nebeneinander verteilen.

4 Den Teller für 3x1,5 Minuten bei 1000 Watt in die Mikrowelle stellen. Zwischendurch die Mandeln mit einer Gabel drehen bzw. neu verteilen.

TIPP

Je nach Gewürzen kannst Du den Mandeln auch einfach neue Geschmacksrichtungen verpassen, z.B. salzig oder scharf.

MACROS

Pro 100g
(Nährwerte fast wie Mandeln)

Kalorien	657.3
Fett	53g
Kohlenhydrate	14.7g
Ballaststoffe	11.4g
Zucker	12.8g
Protein	24.1g

ZUTATEN

Mandeln (100g)
Zimt (1 TL)
Wasser (2 EL)
Honig (2 TL)
Statt Honig: Stevia / Süßstoff

5 MINUTEN SCHOKO KUCHEN

Super leckerer Schoko-Kuchen, der in 5 Minuten gemacht ist.

1 Alle Zutaten, bis auf Zartbitterschokolade und Kokosstreusel, in einer Schüssel mit einer Gabel vermengen.

2 Den Teig in ein mikrowellengeeignetes Gefäß geben (z.B. aus Silikon) und für 5 Minuten bei 1000 Watt in die Mikrowelle stellen.

3 Aus der Mikrowelle nehmen und abkühlen lassen. Die Zartbitterschokolade mit einem Schuss Wasser in eine Schüssel geben.

4 Die Schokolade für ca. 90 Sekunden auf höchster Stufe in die Mikrowelle stellen. Rausholen, wenn sie flüssig ist, und mit einem Löffel umrühren.

5 Mit dem Löffel die Schokolade auf den Kuchen auftragen und nach Belieben Kokosstreusel ergänzen.

TIPP

Statt Kokosöl kannst Du z.B. auch Olivenöl verwenden.

MACROS

Pro Kuchen
(Rezept ergibt 1 Kuchen)

Kalorien	546.8
Fett	20.4g
Kohlenhydrate	68.4g
Ballaststoffe	3.1g
Zucker	24.1g
Protein	18.2g

ZUTATEN

Mehl (60g)
Milch (125ml)
Kokosöl (1 TL)
Ei (1 Stück) & Honig (2 TL)
Vanilleextrakt
Backpulver (1/2 TL)
Wasser (1/4 Glas)
Statt Honig: Stevia / Süßstoff
Kokosraspeln (5g)
Zartbitter Schokolade (25g)

GELATO 100%

BERRY FROZEN YOGHURT

Fruchtig erfrischender Frozen-Yogurth mit nur 4 Zutaten.

1 Es ist wichtig, für eine optimale Konsistenz bei diesem Rezept gefrorene Himbeeren (oder Erdbeeren) zu verwenden.

2 Alle Zutaten in einen Mixer geben. Mixen und dann kurz ausschalten, mit einem Löffel umrühren und erneut mixen, bis sich eine Creme ergibt.

3 Den Fitness Frozen-Yogurth in einen Becher abfüllen und entweder sofort verzehren oder ins Gefrierfach stellen.

TIPP

Durch den Zucker im Honig bleibt der Frozen-Yogurth beim Einfrieren schön cremig.

MACROS

Pro 100g
(100g ergeben 2 Kugeln)

Kalorien	50.5
Fett	0.7g
Kohlenhydrate	8.3g
Ballaststoffe	4.3g
Zucker	7.7g
Protein	2.0g

ZUTATEN

Joghurt 1,5% (50g)
Gefrorene Himbeeren (250g)
Zitronensaft (Spritzer)
Honig (2 TL)
Statt Honig: Stevia / Süßstoff

5 MINUTEN PROTEIN KUCHEN

Der wohl schnellste & einfachste Schoko-Kuchen der Welt.

1 Alle Zutaten in eine große Tee- oder Kaffeetasse geben und mit einer Gabel vermengen.

2 Glattstreichen und für 4 Minuten bei 600 Watt in die Mikrowelle stellen.

3 Die Tasse aus der Mikrowelle nehmen und auf einen Teller umstülpen.

4 Den Protein-Kuchen nach Belieben, z.B. mit Kokosstreuseln, verfeinern.

TIPP

Wenn Du Eier in der Mikrowelle verwendest: Immer darauf achten, dass diese auf jeden Fall frisch sind.

MACROS

Pro Kuchen
(Rezept ergibt 1 Kuchen)

Kalorien	339.8
Fett	16.3g
Kohlenhydrate	26.4g
Ballaststoffe	9.2g
Zucker	2.3g
Protein	19.1g

ZUTATEN

Kakaopulver (3 EL)
Ei (1 Stück)
Magerquark (2 EL)
Backpulver (1 TL)
Olivenöl (1 EL)
Mehl (3 EL)

ITALY

SCHOKO FROZEN YOGHURT

Für alle, die ohne Schoko nicht leben können.

1. Es ist wichtig, für eine optimale Konsistenz bei diesem Rezept gefrorene Bananen zu verwenden.
2. Alle Zutaten in einen Mixer geben. Mixen und dann kurz ausschalten, mit einem Löffel umrühren und erneut mixen, bis sich eine Creme ergibt.
3. Den Frozen-Yogurth in einen Becher abfüllen und entweder sofort verzehren oder ins Gefrierfach stellen.

TIPP

Durch den Zucker im Honig bleibt der Frozen-Yogurth beim Einfrieren schön cremig.

MACROS

Pro 100g
(100g ergeben 2 Kugeln)

Kalorien	96.6
Fett	1.3g
Kohlenhydrate	18.2g
Ballaststoffe	2.6g
Zucker	15.9g
Protein	2.5g

ZUTATEN

Kakaopulver (15g)
Joghurt 1,5% (50g)
Vanilleextrakt (1/2 TL)
Banane (250g)
Honig (2 TL)
Statt Honig: Stevia / Süßstoff

KleineKalorien PROTEIN COOKIES

Ein gesunder Snack aus nur 2 Zutaten mit wenig Kalorien.

1. Die Eier trennen und das Eiklar steif schlagen. Das Eigelb und die restlichen Zutaten in eine extra Schüssel geben.
2. Die Zutaten in der Schüssel gut vermengen und das Eiklar nach und nach unter Rühren dazugeben.
3. Ein Backblech mit Backfolie vorbereiten. Den Teig (relativ flüssig) als kleine einzelne Kreise (10cm) mit einem Löffel auf die Backfolie geben.
4. Das Backblech für 20 Minuten bei 180° OU-Hitze in den Backofen geben. Rausholen und lossnacken.

TIPP

Je nach Gewürzen kannst Du einfach selbst neue Geschmacksrichtungen erfinden!

MACROS

Pro Rezept
(Rezept ergibt 4 Portionen)

Kalorien	204 6
Fett	11.6g
Kohlenhydrate	2.5g
Ballaststoffe	1.1g
Zucker	2.1g
Protein	20.8g

ZUTATEN

Körniger Frischkäse (60g)
Eier (2 Stück)
Leinsamen (1 EL)
Optional: Kümmel (1 TL)
Salz (Priese)

FITNESS KNÄCKEBROT

Der ultimative Snack für unterwegs!

1 Haferflocken, Mehl und Wasser ir einer Schüssel mit einer Gabel vermengen und für 30 Minuten ruhen lassen.

2 Salz und Saatgut dazugeben, z.B. Leinsamen, Sonnenblumenkerne, etc., und erneut vermengen.

3 Ein Backblech mit Backfolie vorbereiten. Mit einer Gabel den Teig auf der Backfolie flach (0,5cm hoch) verteilen.

4 Das Backblech für 15 Minuten be 180° OU-Hitze in den Backofen geben. Rausholen und mit einem Messer die gewünschte Form der Knäckebrote tief in den Teig ritzen.

5 Für weitere 45 Minuten backen. Aus dem Ofen holen und das Fitness-Knäckebrot an den markierten Stellen brechen.

TIPP

Mit Magerquark, Kräutern, Salz und einem Schuss Wasser kannst Du Dir einen schnellen Dip zaubern.

MACROS

Pro Knäckebrot

(Rezept ergibt 10 Stück)

Kalorien	84.7
Fett	2.9g
Kohlenhydrate	10.4g
Ballaststoffe	1.9g
Zucker	0.1g
Protein	3.3g

ZUTATEN

Haferflocken (100g)
Mehl (50g)
Wasser (300ml)
Salz (1 TL)
Leinsamen
Sonnenblumenkerne
Kürbiskerne
optional: weiteres Saatgut
optional: Rosinen

FITNESS KARTOFFELCHIPS

Gesunde Kartoffelchips mit extra Crunch.

1 Die rohen Kartoffeln schälen und in dünne Scheiben schneiden (max. 0,3cm hoch).

2 Die Chips auf einem Papiertuch ausbreiten und auch von oben mit einem Papiertuch abtupfen.

3 Die Fitness-Chips mit Gewürzen Deiner Wahl würzen, z.B. Salz und Paprika-/Chilipulver. Die Chips auf Holzspießen aufspießen.

4 Die Spieße auf einen Teller oder in eine Schüssel geben und für 4 Minuten bei 1000 Watt in die Mikrowelle stellen.

5 Mit Magerquark, Kräutern, Salz und einem Schuss Wasser einen Dip herstellen. Fitness-Chips darin dippen und genießen.

TIPP

Mit Tomatenmark, Tabasco und Kräutern der Provence kannst Du schnell einen weiteren leckeren & gesunden Dip machen.

MACROS

Pro 200g Kartoffeln
(mit Quark-Dip)

Kalorien	279.7
Fett	0.4g
Kohlenhydrate	39.4g
Ballaststoffe	2.5g
Zucker	9.8g
Protein	27.9g

ZUTATEN

Kartoffeln festkochend (200g)
Salz
Paprikapulver
Magerquark (200g)
Kräuter der Provence
Holzspieße

PRE WORKOUT COOKIES

Heftige Pre-Workout Cookies mit einem extra Schuss Koffein.

1 Die Eier trennen und das Eiklar steif schlagen. Die restlichen Zutaten in eine extra Schüssel geben.

2 Die Zutaten in der Schüssel gut vermengen und das Eiklar nach und nach unter Rühren dazugeben.

3 Ein Backblech mit Backfolie vorbereiten. Den Teig (relativ flüssig) als kleine einzelne Kreise (5cm) mit einem Löffel auf die Backfolie geben.

4 Das Backblech für 30 Minuten bei 180° OU-Hitze in den Backofen geben. Rausholen, snacken und ab ins Training!

TIPP

Misch den Cookies noch andere Zutaten bei, wie z.B. Kokosraspeln oder gehackte Mandeln.

MACROS

Pro Cookie
(Rezept ergibt 10 Cookies)

Kalorien	21.2
Fett	0.9g
Kohlenhydrate	2.1g
Ballaststoffe	0.1g
Zucker	1.7g
Protein	1g

ZUTATEN

Eiklar (2 Stück)
Honig (2 EL)
Zitronensaft (Spritzer)
Vanilleextrakt
Kaffeepulver Instant (1 EL)
Alternativ: 1 Espresso
Gemahlene Haselnüsse (15g)

VEGANER PROTEIN KUCHEN

Unmenschlich lecker, vegan und voller Eiweiss!

1 Alle Zutaten, bis auf das Kakaopulver, in einer Schüssel zu einem Teig vermengen. Wenn möglich mit einem Handrührer, sonst mit einer Gabel.

2 Die Hälfte des Teigs in eine neue Schüssel geben. Zu dieser Schüssel 1EL Kakaopulver dazugeben und alles erneut gut vermengen.

3 Ein ofengeeignetes Gefäß mit hohem Rand nehmen (mind. 5cm) und abwechselnd einen Löffel des einen und danach des anderen Teigs in die Mitte des Gefäßes geben.

4 Durch diese Technik ergibt sich das Muster des Protein-Kuchens.

5 Das Gefäß für 35 Minuten bei 180° OU-Hitze in den Backofen geben. Rausholen und genießen!

TIPP

Probier bei Mehl verschiedene Sorten aus (z.B. Dinkel, Hafer, Kokosmehl) und wiege die Vor- und Nachteile der einzelnen Sorten für Dich ab.

MACROS

Pro Kuchen
(Kuchen ergibt 3 Portionen)

Kalorien	1683.7
Fett	33.1g
Kohlenhydrate	263.4g
Ballaststoffe	35.1g
Zucker	71g
Protein	72.6g

ZUTATEN

Bananen (3 Stück)
Apfelmus (150g)
Milch (Kuh/Mandel, 100ml)
Mehl (200g)
Kokosöl (20g)
Kakaopulver (1 EL)
Backpulver (2 TL)
Salz (Priese)
Zimt (1 TL)
Vanilleextrakt (Schuss)

QUALITY
Refreshing
Ice Cold

DIY FITNESS MATE DRINK

Super leckerer Fitness-Drink ohne Kalorien!

1 Mate-Tee mit kochendem Wasser aufgießen und 3 bis 5 Minuten ziehen lassen. Den Tee am besten in einem Beutel oder Teefilter in die Tasse geben.

2 Den Tee z.B. in eine Karaffe geben und mit kaltem Mineralwasser auffüllen. Das Verhältnis sollte ca. 40% Tee zu 60% Wasser sein.

3 Einen Spritzer Stevia / Süßstoff und einen Spritzer Zitronensaft dazugeben. Dann abschmecken, ggf. erneut nachsüßen.

4 Optional Eiswürfel dazugeben und genießen.

TIPP

Mate-Tee ist eine supergesunde Alternative zu Kaffee. Du erhältst ihn mittlerweile in vielen Online-Shops und im Handel.

MACROS

Pro 100ml
(Menge nach Belieben)

Kalorien	0.0
Fett	0g
Kohlenhydrate	0g
Ballaststoffe	0g
Zucker	0g
Protein	0g

ZUTATEN

Mate-Tee
Mineralwasser
Zitronensaft (Schuss)
Stevia / Süßstoff (Schuss)
Eiswürfel (5 Stück)

DER FITNESS EISTEE

Erfrischung pur! Der perfekte Begleiter für Deinen Tag.

1. Tee mit kochendem Wasser aufgießen und 3 bis 5 Minuten ziehen lassen. Den Tee am besten in einem Beutel oder Teefilter in die Tasse geben.
2. Teebeutel entnehmen, den Tee in eine Karaffe geben und mit kaltem Wasser auffüllen. Das Verhältnis sollte ca. 50/50 sein.
3. Dazu jeweils einen Schuss Zitronensaft, Apfelsaft und Stevia / Süßstoff geben und abschmecken. Nach Belieben nachsüßen.
4. Optional Eiswürfel dazugeben.

TIPP

Je nach Teesorte wird der Fitness-Eistee heller (grüner Tee) oder dunkler (Schwarztee).

MACROS

Pro 100ml
(Menge nach Belieben)

Kalorien	2.5
Fett	0g
Kohlenhydrate	0.6g
Ballaststoffe	0g
Zucker	0.6g
Protein	0g

ZUTATEN

Schwarz- oder Grüntee
Wasser
Zitronensaft
Apfelsaft
Stevia / Süßstoff (Schuss)
Eiswürfel (5 Stück)

POWER RIEGEL

Die volle Ladung Power in einem gesunden Riegel.

---

1 Alle Zutaten in einer Schüssel oder einem tiefen Teller zu einem Teig vermengen. Statt Banane kannst Du auch Apfelmus verwenden.

2 Wenn sich der Teig nicht komplett vermengen lässt, gib etwas mehr Banane bzw. Apfelmus dazu.

3 Ein Backblech mit Backfolie vorbereiten. Aus dem Teig ein großes Viereck auf dem Backblech formen (Höhe ca. 1,5cm).

4 Die POWER-Riegel für 20 Minuten bei 180° OU-Hitze in den Backofen geben.

5 Rausholen und mit einem Messer die einzelnen Riegel in rechteckiger Form aus dem Teig schneiden.

TIPP

Probiere verschiedene Trockenfrüchte und Saatgut in Deinen POWER-Riegeln aus für mehr Abwechslung!

MACROS

Pro Riegel
(Rezept ergibt 10 Riegel)

Kalorien	231.0
Fett	2.9g
Kohlenhydrate	42.6g
Ballaststoffe	5.5g
Zucker	13.4g
Protein	7.1g

ZUTATEN

Haferflocken (300g)
Mehl (120g)
Banane (4 Stück)
Statt Banane: Apfelmus (300g)
Honig (1 EL)
Statt Honig: Stevia / Süßstoff
Zimt (1 TL)
Sonnenblumenkerne (20g)
Rosinen (100g)
Leinsamen

DIE FITNESS DONUTS

Deine eigenen gesunden Donuts machen? So geht's.

1 Quark, Mehl, Kokosöl, Milch, Stevia / Süßstoff, Backpulver und Vanillearoma in eine Schüssel geben.

2 Für eine Schoko-Variante gib an dieser Stelle noch 1EL Kakaopulver dazu. Mit einem Handrührer alles gut vermengen.

3 Den Teig auf einem Donut-Backblech verteilen. Alternativ Teigwürste formen und (auf einem Backblech mit Backfolie) Kreise mit Loch in der Mitte auslegen.

4 Die Donuts für 15 Minuten bei 180° OU-Hitze in den Backofen geben. Zitronensaft als „Kleber" darüber träufeln und z.B. mit Kokosraspeln bestreuen.

5 Alternativ die Schokolade mit etwas Wasser in einer Schüssel in der Mikrowelle schmelzen. Umrühren. Die Donuts von einer Seite darin baden.

TIPP

Ein Donut-Backblech gibt es ab ca. 5€ in vielen Online-Shops und Supermärkten.

MACROS

Pro Fitness-Donut
(Rezept ergibt 5 Donuts)

Kalorien	122.6
Fett	3.8g
Kohlenhydrate	16g
Ballaststoffe	2.8g
Zucker	1.7g
Protein	5.2g

ZUTATEN

Magerquark (100g)
Mehl (100g)
Kokosöl (1 EL)
Milch (Schuss)
Stevia / Süßstoff (Schuss)
Backpulver (2 TL)
Optional: Vanilleextrakt
Zitronensaft
Kokosraspeln & Gehackte Mandeln
Zartbitterschokolade & Wasser

NOTIZEN

FÜR ALLES, WAS SONST NOCH WICHTIG IST

NOTIZEN

FÜR ALLES, WAS SONST NOCH WICHTIG IST

NOTIZEN

FÜR ALLES, WAS SONST NOCH WICHTIG IST

NOTIZEN

FÜR ALLES, WAS SONST NOCH WICHTIG IST

ÜBER DEN AUTOR

„Mr. Healthy-Food“ (BILD Zeitung)

Phil ist Unternehmer, Autor und YouTuber mit der Vision, mehr Menschen den Zugang zu Fitness & einer gesunden Ernährung zu ermöglichen.

Die Bekleidungsmarken GYM BROS und ZLIM FIT seines Unternehmens werden von Social-Media Stars weltweit getragen. Er ist Autor des Bestsellers FIT FOOD und Host von COOKED & SHREDDED, einem der schnellstwachsenden Healthy-Food Kanäle auf YouTube.

Phil betreibt seit Jahren intensiv Kraftsport auf hohem Niveau. Seine Freizeit verbringt er gerne beim Kochen, im Fitnessstudio, auf Reisen und mit Freunden. Phil lebt in München.

Du erreichst Phil unter phil@gymbros.de.

„Doing what you like is freedom. Liking what you do is happiness.“

Frank Tyger

FOTO: DRAKENSBERGE, SÜDAFRIKA - MAI 2016

IMPRESSUM

RECHTLICHES

Mit Liebe in München gemacht.

Gedruckt in Deutschland.

EAN: 4260377526848

ORTHOGRAPHIE / RECHTSCHREIBUNG
Bei den Rezepttiteln wurden aus Gründen der besseren Lesbarkeit Wörter getrennt und auf Bindestriche verzichtet.